PUBLICATIONS DE LA RÉUNION DES OFFICIERS

MÉLANGES MILITAIRES
XXXIX — XL

INSTRUCTION

THÉORIQUE ET PRATIQUE

DE L'INFANTERIE

PAR

E. UFFLER

Capitaine au 93ᵉ régiment de ligne

PARIS

CH. TANERA, ÉDITEUR

LIBRAIRIE POUR L'ART MILITAIRE ET LES SCIENCES
Rue de Savoie, 6

1872

INSTRUCTION

THÉORIQUE ET PRATIQUE

DE L'INFANTERIE

PUBLICATIONS DE LA RÉUNION DES OFFICIERS

INSTRUCTION

THÉORIQUE ET PRATIQUE

DE L'INFANTERIE

PAR

E. UFFLER

Capitaine au 93ᵉ régiment de ligne

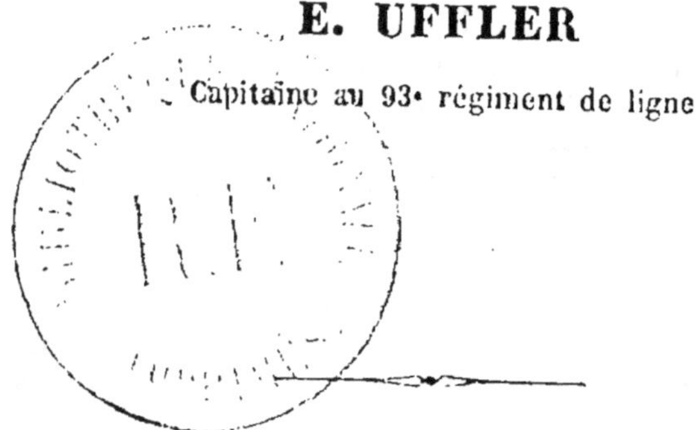

PARIS

CH. TANERA, ÉDITEUR

LIBRAIRIE POUR L'ART MILITAIRE ET LES SCIENCES

Rue de Savoie, 6

1872

AVANT-PROPOS

En entreprenant ce petit travail, loin de moi l'idée
de me poser en réformateur de nos règlements militaires. Des questions de ce genre ne sauraient être
résolues que par une réunion de *plusieurs officiers
d'une compétence irrécusable*. Je n'ai d'autre but que
celui de donner quelques indications générales, des-
tinées à fixer l'attention des hommes plus autorisés
que moi à les mener à bonne fin.

INSTRUCTION

DE L'INFANTERIE

I

CONSIDÉRATIONS GÉNÉRALES

Au milieu des préoccupations provoquées par les changements que le nouvel armement a rendus urgents dans la tactique moderne, il n'est peut-être pas inutile de se prémunir contre l'application trop précipitée de réformes radicales, et que l'expérience n'a pas suffisamment consacrées.

En revanche, il est difficile de comprendre les retards que la routine semblait opposer, en France, à des innovations ayant uniquement pour but d'adapter nos manœuvres au caractère national de nos soldats.

J'entends parler ici de la suppression du pas ordinaire, du tact des coudes rigoureux, de l'immobilité des bras pendant la marche, du déploiement mathématique et de l'alignement dans l'école des tirailleurs, des inversions, etc....., progrès réalisés il y a deux ans à peine.

On pourrait y ajouter, pour la tenue, la substitution de

la cravate au col. Les officiers de l'armée ont pu constater que, depuis ce changement, le nombre des hommes se trouvant mal sur les rangs ou en marche, par la chaleur, a diminué des deux tiers, et il serait à désirer qu'on leur permît de profiter du même avantage.

Ce n'est pas avec une moindre satisfaction qu'on a accueilli, plus récemment encore, la circulaire de M. le ministre de la guerre supprimant le shako, et limitant les circonstances où l'épaulette serait obligatoire pour MM. les officiers.

En exceptant les troupes d'Afrique avec leur tenue de campagne, nous nous rappelons tous, ce que la tenue de grande parade nous a valu de souffrances pendant la guerre d'Italie, et le sort qui fut réservé à cet affublement dans le cours de la campagne.

D'une part, c'étaient autant de contraintes imposées à la mobilité de nos hommes ; de l'autre, d'inutiles complications ajoutées aux manœuvres et créées à la tactique pour laquelle, de nos jours, la *perfection* est plus que jamais synonyme de *simplicité*.

Il était facile d'y constater une raideur depuis longtemps empruntée à une nation d'un caractère essentiellement différent du nôtre et qui, par une étrange ironie du sort, en avait fait justice avant nous.

On sait que, sous le règne de Louis XVI, cette manie de copier les usages pratiqués dans l'armée de Frédéric le Grand avait pris des proportions inquiétantes et dont les résultats furent déplorables. C'est ce qui avait fait dire, à cette époque, au général allemand Lückner : « Ils ont beau tourmenter « leurs hommes, ils auront le bonheur de ne jamais en faire « des Prussiens. »

Eh bien ! cette fois encore, nous avons dû attendre que ces derniers nous donnassent l'exemple, pour réaliser des progrès dont la nécessité était reconnue chez nous, depuis nombre d'années, et plus que dans n'importe quelle armée de l'Europe.

Félicitons-nous, toutefois, de ce premier résultat, quelque insuffisant qu'il puisse paraître ; car il a ouvert, j'en suis certain, à des réformes plus sérieuses un champ qui ne restera pas longtemps stérile.

Il ne sera pas dit une autre fois, que le rôle d'imitateurs est le seul qui nous convienne, lorsque, sans toucher aux principes fondamentaux de nos théories, il s'agira tout simplement de les maintenir à la hauteur des progrès réalisés, et d'en faciliter l'étude aux officiers et aux soldats, tout en les rendant plus profitables pour l'instruction en général.

Nous savons tous, que la partie la plus importante de l'art de la guerre consiste à savoir former un bon soldat en y consacrant le moins de temps possible, à le mener rapidement sur le terrain de la lutte, et à lui permettre d'y agir puissamment, et surtout avec promptitude.

De nos jours, la célérité est devenue plus que jamais la principale condition de réussite, et personne n'ignore les immenses services rendus à la stratégie par les voies ferrées, dans les guerres récentes.

De même sur le champ de bataille, le pas gymnastique et les marches forcées ne sont pas les seuls moyens à employer pour agir rapidement et avec efficacité. Il en est d'autres qui, pour ne rien enlever aux forces physiques de l'homme qu'on ne saurait trop ménager jusqu'au moment suprême de la lutte, n'en donneront pas moins des résultats qui contribueront largement à la victoire de ceux qui auront su en faire une application judicieuse.

Parmi ces moyens il en est trois essentiels, et qu'il serait particulièrement avantageux pour nous de mettre en pratique.

Ils consistent : le *premier*, à faciliter le plus possible

l'étude théorique et pratique aux officiers et à la troupe.

Le *second*, à simplifier les mouvements dans les manœuvres et à en réduire le nombre à sa plus juste expression.

Le *troisième*, à couper court à toute hésitation et à tout désordre sur le champ de bataille, en appliquant autant que possible, sur le terrain d'exercice, ce qui se pratique en temps de guerre.

Un effort considérable a déjà été tenté dans ce sens, et tout le monde sait avec quelle satisfaction on a accueilli les changements et les suppressions opérés dans nos théories, pendant les années 1868 et 1869, par l'illustre Commission qui procéda à la révision de nos règlements surannés.

Si son œuvre est restée imparfaite, il faut l'attribuer, sans doute, à la détermination tardive qui l'avait fait entreprendre ; et par suite, au peu de temps que la Commission a eu devant elle, pour nous préparer à la malheureuse guerre qui nous a si cruellement éprouvés.

Il n'en est pas moins vrai que, grâce à ses travaux, et en supposant que le service obligatoire vienne répandre l'élément intelligent dans l'armée, il sera possible, de nos jours, d'exercer et de faire manœuvrer un bataillon de jeunes soldats, en moins de trois mois (1).

Toutefois, il saute aux yeux des moins clairvoyants, qu'il reste encore quelque chose à faire pour compléter un travail si bien commencé.

Que chacun sacrifie donc généreusement à l'abandon d'un système suranné, auquel on se cramponne souvent pour éviter le désagrément d'oublier ce qu'on a appris, et d'apprendre ce qu'on ne sait pas encore.

_____

(1) J'en ai fait moi-même l'expérience, à Vincennes, pendant le siége de Paris, et dans un moment où les bons instructeurs faisaient défaut.

Il ne faut pas que la connaissance parfaite de nos règle-ments sur les manœuvres soit, comme autrefois, le privilége d'un nombre restreint d'officiers particulièrement doués sous le rapport de la mémoire.

Mettons-nous à l'œuvre, et voyons tous, sans retard, s'il est possible d'y opérer de nouvelles modifications qui puis-sent nous concéder des avantages que l'opinion réclame avec instance.

C'est à cet examen que je demande la faveur d'apporter ma petite part d'expérience, quelque faible quelle puisse paraître. Je prendrai ensuite la liberté d'émettre certaines réflexions sur la manière la plus avantageuse de pratiquer le tir à la cible, qui est, sans contredit, la partie la plus importante de l'instruction.

II

ÉCOLE DU SOLDAT

PREMIÈRE PARTIE. — MARCHES

Pour que l'école du soldat soit aussi profitable que possible, il est indispensable que les divers principes qui y sont appliqués soient intimement liés à ceux développés dans l'école de peloton, qui n'est elle-même qu'une préparation à des manœuvres plus importantes.

Tous les mouvements décomposés qui n'ont pas un caractère d'utilité incontestable devraient donc être supprimés. Ce qui m'amène à conclure qu'il y aurait peut-être avantage à abandonner les alignements, homme par homme, et à faire exécuter les articles 4, 5 et 6 de la première partie sur deux rangs, avec une distance uniforme de 40 centimètres entre les rangs.

On éviterait ainsi l'obligation, dans la plupart des circonstances, de recourir préalablement à un mouvement de maniement d'armes, pour s'aligner étant l'arme sur l'épaule.

Toutefois, dans l'intérêt de l'instruction individuelle, on ferait exécuter ces articles tantôt par le premier, tantôt par le second rang. Mais, pourra-t-on m'objecter, autant vaudrait supprimer complétement ces articles et n'en faire l'application qu'à l'école de peloton, ainsi que cela a lieu en Prusse?

Une réforme aussi radicale me donnerait de faibles appréhensions sur les conséquences qui pourraient en résulter. Cependant, il faut admettre que, le nombre des classes formées à l'école du soldat étant plus considérable qu'à l'école de peloton, les premières explications seront mieux saisies par les hommes, et cette manière de procéder profitera davantage à leur instruction.

En outre, on conservera ainsi à l'école de peloton sa véritable destination qui consiste, ainsi que le dit la théorie elle-même, a donner ensuite un corps à cette première ébauche.

En abordant l'article 6, qui se rapporte à la base de notre formation, on est involontairement porté à mettre cette dernière en parallèle avec la formation prussienne, que j'ai entendu souvent prôner outre mesure. Non-seulement la formation sur trois rangs est illusoire en Prusse, puisque le troisième rang déboîte constamment pour fournir les tirailleurs ; mais elle donne lieu à des manœuvres pour lesquelles la précision automatique du soldat allemand est à peine suffisante. Quant à l'avantage qu'elle offre, en attachant à chaque compagnie son contingent indispensable de tirailleurs, il ne manque pas de moyens beaucoup plus simples, et surtout plus pratiques, d'en faire bénéficier la compagnie française.

Cependant, l'action de doubler dans notre formation n'est pas sans présenter quelques inconvénients. Il suffit d'avoir assisté, une seule fois, à l'exécution de l'article 5 de la III° partie, et de l'article 4 de la V° partie de l'école de peloton, pour être convaincu des difficultés qu'elle présente.

Ainsi, lorsqu'on fait faire deux fois de suite par le flanc droit ou par le flanc gauche, non-seulement les hommes ne se conforment pas à la conversion par deux, que leur prescrivent généralement les instructeurs, mais les hésitations et les erreurs commises sont fréquentes.

Le mouvement de se former sur la droite et sur la gauche

par file en bataille, ayant été supprimé, je ne vois pas qu'il y ait encore urgence à faire doubler les deux rangs séparément.

Je me demande donc, s'il n'y aurait pas avantage à faire exécuter ce mouvement de la manière suivante :

RÈGLE GÉNÉRALE. Chaque fois que le peloton fait à-droite, les numéros impairs de chaque rang font à-droite sur place, et les numéros pairs, après avoir fait à-droite, se portent vivement, coude à coude, à la droite des numéros impairs.

Lorsque le peloton fait à-gauche, les numéros impairs se portent, de la même façon, à la gauche des numéros pairs. Le peloton étant face par le second rang, les numéros impairs exécutent ce qui est prescrit plus haut pour les numéros pairs, et réciproquement. Enfin, lorsqu'en faisant deux fois de suite par le flanc droit (ou gauche), on fait exécuter un demi-tour au peloton, les numéros (impairs ou pairs) qui, après avoir fait pour la seconde fois par le flanc, sont placés derrière les autres, reprennent vivement leurs places, en avançant à côté de leurs chefs de file, dans l'ordre naturel.

1 2 3 4 5 6 7 8......

... Ligne de bataille.

1 2 3 4 5 6 7 8......

1re fois par le flanc droit.   2e fois par le flanc droit.

DEUXIÈME PARTIE. — MANIEMENT D'ARMES.

Dans cette partie, de précieuses modifications ont été opérées et quelques mouvements de maniement d'armes supprimés, à juste titre.

On est en droit de se demander quelles sont les raisons

qui ont fait conserver ces deux mouvements de l'arme au bras et de présenter les armes.

Ne pourrait-on pas se contenter du port d'armes, comme mouvement de parade et pour rendre les honneurs? Il ne resterait plus alors qu'à exercer les hommes à charger leur arme et à croiser la baïonnette, en partant des trois positions de l'arme au pied, du port d'armes et de l'arme sur l'épaule; et cela, sans recourir préalablement à un mouvement intermédiaire.

III

ÉCOLE DE PELOTON

Les différentes parties et les articles de cette école ont été classés avec beaucoup d'ordre; bien des inutilités ont été supprimées, et j'ai toujours entendu faire le plus grand éloge de cette partie de l'instruction.

Les mouvements y sont exposés avec suite et nécessitent peu d'efforts de mémoire pour être retenus. C'est encore là un point capital; car plus on facilitera l'étude théorique à l'officier, et plus il lui restera de temps à employer pour acquérir les nombreuses connaissances que son métier lui impose.

Toutefois, dans cette école, la progression ne devrait être suivie qu'une seule fois à la reprise de l'instruction sur le terrain; et cela, pour s'assurer que tous les articles ont été bien exécutés et qu'aucun n'a été omis.

Je ferai observer, en passant, que le système prussien, qui consiste à confier d'une façon absolue l'instruction des compagnies aux capitaines, ne serait pas, à mon avis, une heureuse innovation à introduire dans notre armée; les raisons en sont faciles à comprendre, étant donnée notre organisation actuelle des cadres.

Cependant, les chefs de corps ne devraient être chargés que de fixer le nombre des séances à consacrer à chaque *partie* d'une École, en laissant les commandants de compagnies libres d'indiquer eux-mêmes les *articles* sur lesquels il y aurait lieu de s'arrêter plus ou moins longtemps que sur d'autres.

En outre, la seconde moitié des séances devrait être employée à enseigner aux officiers et aux sous-officiers la manière pratique de se servir de cette instruction. A cet effet, des questions devraient être posées par les capitaines (1) aux lieutenants et sous-lieutenants, de la manière suivante.

Étant donné, par exemple, un peloton placé n'importe comment, on demanderait à l'officier de le porter, en un ou deux mouvements, ou par le chemin le plus court, face à tel côté, soit dans la même formation, soit dans une formation quelconque. Toutefois, dans l'intérêt de l'instruction des hommes, on exigerait que chaque mouvement fût exécuté avec la plus grande précision par la troupe.

Quelques-uns de nos généraux inspecteurs ont pratiqué cette manière d'interroger, que j'ai toujours entendu louer et trouver plus intelligente que celle de demander l'exécution de tel ou tel article d'une école.

On peut être certain, en outre, que les intéressés trouveraient dans ce procédé un stimulant considérable pour l'étude de leurs règlements, qu'ils acquerraient une plus grande expérience des manœuvres, et que l'autorité elle-même y puiserait des éléments nombreux et infaillibles pour apprécier les connaissances théoriques et pratiques de chacun, à sa juste valeur.

Comme changements à opérer, il serait bon, je crois, de faire disparaître, dans toutes les circonstances autres que les formations en bataille, les commandements sans nombre

(1) Eux-mêmes seraient interrogés de la même façon par le chef de bataillon ou le lieutenant-colonel, sur les Écoles de bataillon et de régiment.

faits par les chefs de subdivision pour aligner leur troupe.

Lorsque, dans ce but, une rectification dans la position des guides sera devenue indispensable , le commandement du chef de la colonne suffira, comme cela se pratique du reste. Pour tous les autres cas, on donnerait simplement aux hommes l'indication générale de s'aligner d'eux-mêmes du côté où se trouve le guide. Mais l'on ne saurait mettre trop d'attention, dans les divers-exercices, à ce que ce côté soit sans cesse parfaitement connu de chacun, sous peine de perdre toute cohésion et tout ensemble dans les manœuvres.

Pour les conversions de pied ferme , l'homme de pivot ne devrait faire à droite ou à gauche que dans les mêmes circonstances, et dans les autres cas, pivoter *sur place* en se conformant à la conversion.

Dans l'article premier de la Ve partie, il serait plus avantageux, pour reformer le peloton, d'avoir recours aux principes prescrits à l'école de bataillon pour former les pelotons de queue en ligne, dans la marche en bataille par colonne de division (1); et cela, en faisant prendre le pas gymnastique aux subdivisions de queue.

On éviterait du même coup l'arrêt préjudiciable, occasionné dans la marche lorsqu'on fait obliquer les subdivisions de tête, et la fatigue plus grande résultant pour les hommes lorsqu'on leur fait allonger le pas pour rejoindre.

Rien ne s'oppose non plus à ce que, pour plus de simplicité, on applique uniformément ce principe à tous les cas du même genre, c'est-à-dire à toutes les subdivisions qui, après avoir rompu, auraient besoin de regagner leur place pendant la marche. Exemple : pour former les sections, les

---

(1) Le pas oblique, tel qu'il se pratique de nos jours, est une excellente ressource pour les manœuvres devant l'ennemi, on ne saurait trop en faire usage.

pelotons et les divisions en marche, pour faire rentrer les subdivisions qu'un obstacle aurait fait éliminer de la ligne de bataille, etc.

Enfin, il existe une contradiction entre la prescription donnée au n° 7 de cette école et celle du n° 111 de l'école du soldat. Elle se rapporte au mouvement de maniement d'armes que doivent exécuter les hommes, lorsqu'au commandement de : Halte ! ils ont l'arme sur l'épaule droite.

IV

ÉCOLE DES TIRAILLEURS

J'ai déjà indiqué sommairement, au début de ce travail, les utiles réformes qui ont été opérées dans cette école, la seule peut-être pour laquelle l'exécution sur le terrain de manœuvres est devenue, pour ainsi dire, l'image fidèle de ce qui se pratique sur le champ de bataille. Je n'ai que quelques mots à ajouter sur la manière de rendre cette instruction aussi profitable que possible à nos jeunes soldats.

L'enseignement le plus difficile à donner à ces derniers, une fois qu'ils sont bien pénétrés des divers principes contenus dans cette école, consiste à leur en faire saisir le mécanisme pratique, en face de l'ennemi.

La première éducation du tirailleur étant achevée, il reste à lui faire comprendre comment les hommes d'une même ligne peuvent marcher à hauteur sans se voir, être prêts à se secourir sans se toucher, et se défiler des feux de l'adversaire chaque fois que l'occasion se présente.

Or, le meilleur moyen de rendre ces exercices aussi utiles que possible, serait d'agir en toute circonstance avec les tirailleurs, comme on fait pour les troupes dans les grandes manœuvres des camps. Toutefois, il faudrait que chaque escouade ou chaque section déployée en tirailleurs eût devant elle, à une distance au moins égale à une portée de fusil, non pas quelques hommes seulement, mais une fraction équivalente et qui serait censée représenter l'ennemi. Ces deux lignes marcheraient l'une contre l'autre, avec lenteur et précaution, les officiers et les sous-officiers étant derrière pour faire remarquer les fautes commises, et indiquer le moment où le tir pourrait être commencé avec efficacité.

De cette façon seulement, chaque tirailleur verrait au juste, selon la position de ceux qu'il aurait en face, s'il est à l'abri de leurs feux, et quel mouvement il faut imprimer à une fraction de la ligne où à la ligne entière pour débusquer l'ennemi.

Enfin, il va sans dire que cette instruction devrait se faire sans précipitation, les deux lignes employant au besoin toute la durée d'un exercice pour se joindre.

En effet, plus elles se rapprocheront, plus la difficulté de s'abriter deviendra grande, et plus les observations des instructeurs auront des chances de devenir nombreuses.

Il ne faut pas nous le dissimuler, cette école doit être l'objet d'une sollicitude d'autant plus grande que la guerre de tirailleurs est appelée à prendre des proportions considérables.

L'ardeur irréfléchie de nos soldats et leur impatience de prendre part à la lutte ne sauraient être trop contenues de nos jours. Il nous faut combattre, à tout prix, la coupable précipitation que l'on met généralement à rallier les tirailleurs derrière la ligne principale, avant même que l'action ne soit sérieusement engagée.

On devra, au contraire, les encourager au combat, et leur abandonner le soin de braver audacieusement les lignes ennemies, quelque imposantes qu'elles puissent paraître.

C'est en renforçant les tirailleurs, et en leur prêtant jus-qu'à la dernière extrémité l'appui le plus énergique, qu'on forcera l'ennemi à prodiguer ses feux, et que ce dernier et terrible effort, qui est *le secret de notre armée*, pourra, comme autrefois, briser toutes les résistances et nous donner la victoire.

C'est en renforçant les tirailleurs, et en leur prêtant jus-qu'à la dernière extrémité l'appui le plus énergique, qu'on forcera l'ennemi à prodiguer ses feux, et que ce dernier et terrible effort, qui est *le secret de notre armée*, pourra, comme autrefois, briser toutes les résistances et nous donner la victoire.

V

TIR A LA CIBLE

Aujourd'hui que le perfectionnement des armes à feu a, en quelque sorte, quintuplé la puissance du plus petit des éléments qui composent les armées, c'est-à-dire du soldat en général, il faut surtout éviter que, par suite d'un emploi mal entendu, ses forces puissent rester stériles.

Sous ce rapport, le tir à la cible réclame des soins particuliers, et l'on ne saurait trop stimuler l'émulation en ce qui concerne les résultats à obtenir.

Il est certain que la grande pratique peut perfectionner le tir, mais il est tout aussi avéré qu'elle est impuissante à former un tireur adroit. Pour obtenir ce dernier résultat, il faut, après avoir donné à l'homme une instruction théorique aussi étendue que possible, lui inspirer de la confiance dans son arme, *en facilitant ses premiers succès.*

Tout bon tireur, en effet, ne saurait nier l'émotion ressentie la première fois qu'il toucha la cible, et le goût, l'ardeur même, qu'il puisa dans ce premier résultat que les plus beaux prix de tir ne sauraient remplacer.

Le premier tir devrait donc se faire sur appui, d'une façon analogue au pointage sur chevalet, et sur une cible de deux mètres carrés de dimension.

On ferait viser le but par l'homme une première fois, avant d'armer, et on rectifierait au besoin son pointage.

Puis, après lui avoir conseillé de conserver autant que possible la même ligne de mire, on lui permettrait de tirer cette première balle qui, sauf des cas excessivement rares, irait infailliblement au but.

Ce n'est qu'après lui avoir fait tirer deux balles par ce procédé, et lui avoir fait indiquer scrupuleusement les points atteints, qu'on passerait au tir à 200 mètres, sur la cible réglementaire.

Aucun homme ne devrait être autorisé à tirer à une distance supérieure, tant qu'il n'aurait pas mis dans la cible la moitié des balles à la distance précédente.

A quoi sert, en effet, de faire tirer à des distances plus grandes, au moyen d'un mécanisme de hausse facile à comprendre, des hommes qui n'ont pu réussir à des distances moindres ?

Enfin, l'on ne devrait jamais tirer qu'à 200, 400 et 800 mètres ; car on peut admettre, sans crainte de se tromper, que l'homme qui saura parfaitement tirer à ces trois distances tirera avec autant d'adresse aux distances intermédiaires ou supérieures.

Quant à l'instruction théorique, une des séances habituelles, assez nombreuses du reste, devrait être consacrée à démontrer aux hommes, en termes à portée de leur compréhension, comment le coup porte à droite quand le soleil vient de ce côté ou quand l'arme penche à droite, comment le coup de doigt peut faire baisser la balle, et comment il faut corriger le tir par rapport au centre de la cible, toutes choses dont la plupart ont une idée très-fausse.

Ces démonstrations pourront être faites avec la plus grande facilité dans les chambres, en pointant sur chevalet une arme dont on lèverait la hausse pour certains cas, et dont, pour d'autres, il suffirait de recouvrir le guidon par un autre, en bois ou en carton, ayant des dimensions beaucoup plus grandes.

Ici se termine la tâche que je m'étais imposée, ainsi que j'en ai fait l'observation au début de mon travail.

Je laisse aux personnes plus autorisées que moi le soin de donner un corps à cette première ébauche, et d'en appliquer l'idée à nos deux écoles de bataillon et de régiment.

Qu'elles nous disent, si des mouvements pareils à celui de se former face en arrière en bataille doivent être conservés à l'école de bataillon. Est-ce en ayant l'ennemi à dos ou bien à la sortie d'un défilé, dans une marche en retraite, qu'on voudrait recourir à une pareille manœuvre? et dans ce cas, que devient la faculté de pouvoir manœuvrer par le second rang, ne sera-t-elle pas illusoire ?

Que toutes ces questions soient donc sérieusement étudiées, et qu'on ne perde pas un instant pour nous doter d'une instruction militaire plus pratique et plus conforme à notre caractère national.

Nos ennemis nous ont déjà devancés dans cette voie, mais ils sont loin d'avoir atteint à la perfection, et nous n'avons pas à les imiter, car nous pouvons mieux faire.

Le jour où l'on se mettra hardiment à l'œuvre, nous anticiperons moralement sur des triomphes, auxquels la valeur de nos soldats n'aura pas de peine à donner une consécration éclatante, *déjà prévue avec appréhension par nos envahisseurs*.

RÉPONSE A QUELQUES OBJECTIONS

1. Je voudrais voir supprimer les alignements, homme par homme, parce qu'ils sont inutiles, et que l'homme ne saurait apprendre à s'aligner que *dans le rang*.

2. Je suis de l'avis de la décomposition du mouvement d'alignement proposé dans la réunion.

3. Le mouvement de : *sur la droite en bataille*, qu'on voudrait substituer à l'*ancienne formation* de : *sur la droite par file en bataille*, se fera bien mieux, en se portant par demi-section ou par section en ligne, avant de tourner à droite.

4. La crainte de voir quelques commandants de compagnies s'arrêter trop longtemps sur tel ou tel mouvement offre, à mon avis, moins de danger que lorsque cette même faute sera commise par le chef de corps (que ses occupations empêchent souvent d'assister à toutes les séances de l'instruction) et qui, dans ce cas, atteindra le régiment tout entier.

5. La ligne de bataille ne saurait souffrir de cette manière de porter les subdivisions de queue en ligne, que lorsqu'après avoir rompu, on aura fait porter le drapeau et les guides généraux sur le flanc de la colonne. Dans ce cas, pourquoi ne pas se former en bataille sans changer la force des subdivisions ?

6. La manière de doubler, que je propose, me paraît plus simple, plus pratique et surtout plus facile à enseigner; en outre, son application ne saurait nuire, en quoi que ce soit, à nos manœuvres actuelles.

7. Je ne suis pas sûr que l'homme, qui atteint un but *distant de lui d'une largeur de chambre*, éprouve la satisfaction que lui occasionne une balle mise dans la cible, à 200 mètres.

8. Enfin, pour apprendre aux hommes à apprécier les diverses distances, je ne pense pas qu'il soit indispensable de les faire tirer à ces mêmes distances. On peut arriver au même résultat avec une économie considérable de cartouches, économie bien utile de nos jours.

E. UFFLER.

TABLE DES MATIERES

Évreux, A. Hérissey, imp. — 772.